AF260062

JULES BOUCHET

ARCHITECTE

NOTICE SUR SA VIE ET SES TRAVAUX.

1860

JULES BOUCHET

La mort vient de faire un nouveau vide dans nos rangs : Jules Bouchet a succombé le 16 janvier, âgé de soixante ans à peine, à la longue maladie qui l'avait usé avant l'âge. Bouchet était encore un de ces artistes dévoués à leur art dont le nombre diminue tous les jours, et dont l'espèce, il faut le dire, tend de plus en plus à disparaître. Sa place est marquée parmi les plus consciencieux et les plus habiles.

On a reproché à Bouchet sa fidélité inaltérable à la vieille école de Charles Percier, dont il était devenu, en effet, la personnification la plus exacte et la plus complète; autant eût valu lui reprocher la constance et la solidité des convictions auxquelles il se contentait d'obéir et que rien de ce qui se passait autour de lui n'avait pu ébranler. Disons mieux, au lieu d'accuser l'artiste, il fallait peut-être admirer le désintéressement avec lequel il s'attacha toujours à conserver intactes les traditions de son illustre maître. Doué de facultés chez lui très-éminentes, Bouchet eût pu sans doute employer plus fructueusement son remarquable talent d'exécution; s'il ne l'a pas fait, s'il a préféré consacrer ce talent à la glorification d'une école qui était, pour lui, l'objet d'une sorte de culte, il y a dans cette préférence quelque chose de si respectable que ce n'est pas nous qui voudrions en faire un reproche à sa mémoire.

Au surplus, quelles qu'aient été les tendances de son talent, Bouchet a si bien rempli sa vie par le travail, qu'en dépit de tout préjugé d'atelier, son nom restera comme celui d'un artiste qui a honoré sa profession et utilement servi son art. Quel plus bel éloge pourrait-on faire de lui!

En 1822, à l'âge de 23 ans, l'année même où M. Gilbert fut envoyé à Rome, Bouchet remportait un second grand prix sur un projet de salle d'Opéra, en même temps que M. Léon Vaudoyer, à peine âgé de

dix-neuf ans, obtenait dans le même concours la mention honorable. Il était impossible de mieux débuter
et surtout de triompher en meilleure compagnie. En
1824, il mérita le prix départemental. Peut-être une
plus haute récompense attendait-elle Bouchet, s'il eût
persisté à concourir pour le prix de Rome ; mais trop
impatient alors de connaître les monuments qui de-
vaient être pour lui de si précieuses sources d'inspi-
rations, il abandonna l'école après ce dernier succès
et partit en 1825 pour l'Italie, où il séjourna jusqu'en
1828. Ce qu'il amassa de renseignements pendant ces
trois années de recherches et de labeurs, passées au
milieu des ruines de l'antiquité, ses amis seuls le
savent et ses cartons le diront quelque jour. Infati-
gable au travail et doué d'une rare facilité comme
dessinateur, on devine d'ailleurs quelle abondante
moisson il dut faire.

Cependant, en 1832, Bouchet voulant faire profiter
le public artiste d'une partie au moins des études
qu'il avait rapportées d'Italie, il s'aperçut que pour
mettre au net ces croquis, ces notes recueillies un peu
à l'aventure et sans but arrêté, il lui manquait
certains points de repère, et il se remit résolûment
en route pour aller chercher là-bas ce complément.

Il était alors, et depuis 1829, inspecteur des travaux
de reconstruction de la Bibliothèque royale, dont la
haute direction appartenait à Visconti. Ce fut grâce
à un congé obtenu pendant la suspension des travaux

*

dont il s'agit qu'il put entreprendre ce voyage. A son retour les mêmes fonctions d'inspecteur qu'il eut à remplir, pour la restauration des bâtiments de la Cour de Cassation, ne lui permirent pas de s'occuper immédiatement de la publication qu'il préparait; mais dès 1834 il se mit sérieusement à l'œuvre, et en 1837 parut *la Villa Pia des Jardins du Vatican*, excellente monographie d'un des plus charmants édifices de la renaissance italienne, chef-d'œuvre de l'architecte Pirro Ligorio.

En 1839 la ville de Versailles ayant mis au concours l'étude d'un projet de halles, Bouchet, qui avait alors des loisirs, prit part à ce concours et remporta l'un des prix accordés aux deux meilleurs projets. Plus tard, en 1849, il ne fut pas moins heureux dans le concours ouvert pour la construction d'un abattoir public à Saint-Germain. Cependant, malgré ces succès, il n'eut pas la satisfaction de réaliser les plans qu'il avait conçus; les administrations municipales de ces deux villes s'étaient réservé le choix de l'architecte qui devrait construire chacun de ces édifices; choix arrêté d'avance peut-être, selon l'injuste usage qui a malheureusement prévalu dans les concours.

De 1842 à 1853, Bouchet fut attaché, en qualité de premier inspecteur, aux travaux du Tombeau de Napoléon Ier, dont Visconti était l'architecte en chef. Cependant, c'est à tort qu'on lui a attribué une part quelconque dans l'ordonnance et la composition de ce fastueux mausolée. Nous savons de bonne source qu'il resta étranger à l'étude du projet, et que son rôle, tout secondaire, se borna, dans cette œuvre, à l'inspection et à la surveillance des travaux. Si nous insistons à cet endroit, c'est que lui-même se défendit toujours, et parfois avec une certaine vivacité, d'avoir collaboré en quelque chose à l'étude des plans et détails du tombeau des Invalides.

Le Salon de 1849 fut pour Bouchet l'occasion d'un véritable succès. Il y envoya sous ce titre : *Essais de Restaurations,* huit beaux dessins qui furent considérés à bon droit comme la perle de l'exposition d'architecture. L'artiste, déjà célèbre alors par de remarquables ouvrages du même genre que s'étaient à l'envie disputés les plus fins amateurs, n'avait jamais réuni du même coup autant et de si sympathiques suffrages. Les magnifiques dessins qu'il avait produits jusque-là, et notamment ceux qui figurent au Musée de Compiègne, se rattachaient trop par leur style à l'école de Percier, pour être appréciés à leur vraie valeur par tout le monde. Au contraire, les *Essais de Restaurations* inauguraient une nouvelle manière où la personnalité de l'artiste, dégagée de certaines entraves, se montrait sous le jour le plus séduisant. Personne n'a oublié ces œuvres charmantes; c'était évidemment la réalisation d'autant de beaux rêves tels qu'en pouvait seule concevoir l'imagination d'un homme comme Bouchet, qui avait passé sa vie

dans la méditation et l'étude des monuments de l'antiquité. Ces dessins, composés avec le plus grand art,
étaient exécutés à l'aquarelle, mais avec une sobriété
de tons, une suavité de coloris, quelque chose de si
exquisement vaporeux dans l'effet général, que ces
ravissantes images, bien qu'idéalisées par le sentiment poétique de l'artiste, semblaient de réelles évocations du passé lointain qui les avait inspirées.

Au surplus il reste une brillante trace des *Essais
de Restaurations*, ce sont les *Compositions antiques*
publiées par Bouchet en 1851, et où se trouvent reproduits non-seulement les huit dessins de 1849, mais
divers autres encore qui ne furent pas exposés
publiquement. Cet album, qui est aujourd'hui dans
toutes les mains, contient une suite de petits tableaux
où l'artiste a fait revivre les plus intéressantes ruines
de l'architecture des Romains de l'Empire. Et ce
qui ajoute au charme de ces compositions, c'est
que les édifices, rendus par l'artiste à la vie et à
la jeunesse, sont complétés par les meubles, les
statues, les accessoires de toute sorte ; c'est que de
petits personnages, ressuscités bien à propos, sont
installés partout dans ces intérieurs qu'ils animent,
et s'y groupent au besoin pour composer des scènes
de la vie intime qui expliquent de la meilleure façon
la destination de ces lieux enchantés.

On doit encore à Bouchet une restitution de la
Maison de Pline, le *Laurentin* ; travail qui fit partie

du Salon de 1851 et qui fut gravé ensuite pour être publié l'année suivante. Les *Essais de Restaurations* n'avaient été pour Bouchet qu'une sorte de prélude aux études plus techniques qu'il s'était proposé d'entreprendre. C'est par le *Laurentin* qu'il débuta. On sait qu'il ne reste plus aujourd'hui pierre sur pierre de cette célèbre villa; c'est d'après le texte de l'Épitre XVII de Pline à Gallus, le seul document connu sur ce sujet, que Bouchet entreprit cet ingrat travail de restitution déjà tenté, sans grand succès avant lui, par Félibien, Scamozzi, le docte P. Marquez et notre contemporain Haudebourt. Bouchet, mieux préparé que personne pour chercher le mot d'une pareille énigme, paraît l'avoir trouvé enfin, même quand on étudie son travail avec le texte de Pline sous les yeux. On ne peut qu'admirer la patience, la sagacité et surtout la connaissance parfaite de toutes les formes, de toutes les ressources de l'architecture des Romains, dont l'artiste a fait preuve dans ce travail. Cependant ni le *Laurentin* ni cette autre restitution du même genre, la *Basilique de Fano*, qui figura au Salon de 1853, n'eurent le succès des *Essais de Restaurations*. Ces deux tours de force d'érudition et de talent ne furent vraiment appréciés que d'une certaine classe d'amateurs. Néanmoins le jury du Salon de 1851 tint compte de ces consciencieuses. études, car il décerna à Bouchet la première médaille d'or.

En 1854, après la mort de Visconti, Bouchet fu
nommé architecte du Tombeau des Invalides, titre
nu, ou a peu près ; puisque le monument était
terminé et qu'il ne s'agissait plus alors que de son
entretien et de sa conservation.

A la même époque les fonctions de chef des travaux
graphiques à l'École centrale des arts et manufac-
tures étant devenues vacantes par la mort de Thume-
loup, Bouchet sollicita et obtint cet emploi. Son
premier soin fut de composer deux petits traités
élémentaires, l'un de dessin linéaire qui s'adresse
aux jeunes candidats à l'École centrale, l'autre, la
Perspective des ombres, destiné aux élèves admis
à suivre les cours de l'École. C'était chez le pro-
fesseur une première marque de cette vive sollicitude
pour ses élèves dont il ne cessa de donner des preuves
que le jour où ses souffrances, devenues insuppor-
tables, le condamnèrent à prendre enfin un repos que
la mort allait rendre éternel.

Telle est, en quelques lignes, la vie de cet honnête
homme, de ce laborieux et habile artiste. Sans doute il
manque à l'énumération que nous avons faite de ses
principaux travaux la mention de quelque édifice élevé
par ses soins et auquel il eût pu plus solidement
encore attacher son nom ; mais à qui la faute ? Pas
à lui, on peut le croire, qui n'eût pas mieux demandé
que de réaliser un de ses rêves d'architecte.

Nous disions en commençant cette Notice que le

nom de Bouchet restera comme celui d'un homme qui a honoré sa profession et utilement servi son art; avouons-le pourtant, ses funérailles n'annonçaient rien de tel. L'église était remplie par les élèves de l'École centrale, par des sculpteurs et par des peintres; mais les architectes ne formaient qu'une bien faible minorité. A part MM. Arveuf, Baltard, Caristie, Grisar, Vinit, et peut-être quelques autres ; à part aussi MM. Barbet de Jouy, Monge et Ponthieu, ses anciens élèves, c'est en vain qu'on eût cherché dans cette foule recueillie ses collègues, ses camarades de la Société centrale des architectes et de la Commission d'architecture de l'École des beaux-arts, à qui les liens de la confraternité, à défaut d'autres, faisaient un devoir de se montrer là. Singulière anomalie! Les architectes se plaignent amèrement de voir diminuer la considération que mérite leur profession, et cette considération, ils négligent de la témoigner à ceux d'entre eux dont le talent et le caractère sont le mieux faits pour les relever dans l'estime publique. Ils s'indignent de l'abandon dans lequel on les laisse, et ils ne daignent pas même rendre les honneurs funèbres aux meilleurs, aux premiers d'entre eux!

Quels tristes symptômes ! quelle honte pour nous, architectes, que ces ingénieurs civils en herbe accourus là en foule comme pour nous donner une leçon de bon accord et de convenance !

Et puisque nous prétendons, — un peu par envie,

peut-être, — que l'union des ingénieurs fait seule leur force, pourquoi donc ne les imitons-nous pas? Pourquoi n'utilisons-nous pas aussi ces forces collectives, cette force de tous, que nous laissons étourdiment perdre sans profit pour personne? Mais si par notre égoïste désunion nous compromettons, nous sacrifions peut-être nos plus chers intérêts, du moins, mes chers confrères, que cet esprit de corps, si profondément endormi en nous aujourd'hui, se réveille pieusement dans les occasions solennelles comme celle-ci, lorsqu'un devoir sacré nous commande d'aller enterrer nos morts.

ADOLPHE LANCE.

Paris, 1er février 1860.

Paris.—Imprimé chez Bonaventure et Ducessois, 55, quai des Augustins.